O apetite de Deus
Henrique Emanuel de Oliveira

cacha
lote

O apetite de Deus
Henrique Emanuel de Oliveira

o boi é diferente do homem
o boi, segundo meus pais,
tem suas urgências em vida

Um dia o besouro cai de costas.
E besouro que cai de costas não se levanta nunca mais.

Lygia Fagundes Telles, *Ciranda de Pedra*

PRIMEIRA VOZ

o céu, menino
não possui cercas
apenas nuvens
que vez em quando
ofertam trégua

o roçado busca as lágrimas
no canto dos trabalhadores

não há gaveta funda
capaz de guardar o sono
do menino
que bate a cabeça

14   as ribeiras
correm em direção ao mar
e o mar não se enche

três meses de chuva
quatro meses de sol

o andar dos santos
em procissão
saudando a colheita

depois da jornada
ventava vermelho

a família aprendia
que o mais novo é um filho
que o mais novo
não pode ser esquecido

o inhame é forte
como uma queda
em cavalo ligeiro

quase tudo foi soterrado
na estrada do mato-cobra

estampa
de azulejo
fruta
em porcelana
remexida na chá preta

quase tudo foi soterrado
na estrada do mato-cobra

armário
de jaqueira
roupas esfaceladas
ao peso
da pedreira

da terra que recobre
um corpo frágil
não se colhe promessa

bebeu água verde
direto do minadouro

escutou os matutos
pedindo duas doses de pitu
na porta da bodega

os últimos dias
dos bois de piranha

a vida, filho
é uma paixão
entre primos

se demora
além do tempo
se encerra
antes da hora

o mais novo não foi
o mais novo não vai

vive pelo cocho
cimentado
onde a carne é limpa
pra morrer

o estrangeiro
abre na força do pé
uma rua ladrilhada
pela saudade

e para além das serras
carrega tudo que não pode ser esquecido
ao se olhar no espelho

os olhos pretos
inevitável extensão dos dentes
fincados na carne
inevitável extensão da carne
distante do perdão

os olhos pretos
foram tantos e serão muitos
pois o acaso remonta seres alinhados
em suas desordens

as mungangas
desimportantes
viram motivos

todos se cortavam em palavras
abrindo diante da mesa
uma fenda

feito uma ciência
o rumo das coisas hereditárias
vai se cumprindo

as crianças
passam a engordar
no tapete do apartamento
burrinhos de plástico

o músculo rígido do braço
volteado em minhas costas

aquela respiração prematura
atirando pedra no galinheiro

o jogo era simples:
cada irmão escolhia uma galinha
e a galinha que voasse mais alto
entregava ao outro
o direito de se lambuzar nas frutas
colocadas à mesa

eu escolhia a galinha
mais perto da sangria

ainda sinto o hálito
dos fiapos de manga
atravessando o curral

é ingovernável
a estrepolia
na fala do povo

do capim-braquiária
diziam
espécie afeita ao pisoteio

foi pra muitos
uma potência divina

a dor no esporão
era esquecida

o grito em desaforo
era engolido

desdenhamos
o poder dos gritos

os gritos, meu filho
podem desalinhar
o giro oco do mundo

AO REGRESSO DO PAI

de manhã
recorto o pão na unha
sobre aquele prato
com salmos esculpidos
em que você costumava
tão calmo
descascar as partes iguais
da laranja

e Deus tem dado livramento
Deus tem sido bom, meu pai

desmiolo o pão na unha
como as marretas abrindo túneis
no pé da serra de minha infância
e lembro do pouco:

a mulher que perdeu os dentes
numa gravidez sem remédios
foi a mesma que sorriu
quando o filho ganhou o altar

venho arremedando alegrias
venho sendo alegre, meu pai

sua voz me escorre
dizendo que a invernada
finalmente chegou

a invernada
no junho certo
é a riqueza dos homens

na ponta da unha
engulo o último pedaço do pão
e digo que chove pela cidade

de longe, sabemos que não há teto
para nos poupar do encharco vivido

é tempo de se molhar, meu pai

SEGUNDA VOZ

era rubra
a noite de são joão
meu bem

o mundo
repleto de pessoas
e tramelas abertas
nos trazia
suas adivinhações

ainda me pergunto
quantos descobriram o mistério
desfiando na boca
a carne de porco mal passada

dizia que as cobras
se arrastavam
no quarto principal

a qualquer instante
alguém da família
poderia amanhecer
de língua pra fora

a tesoura de ponta
na máquina singer

mamãe oferecia a Paquito
uma roupa de inverno
Paquito arengava ao redor
das sombras no quintal

na curva do cão
é que começa
o nosso inferno

bastava um estalo na mata
vovó fazia chá de mulungu

tem vezes que a desordem
monta sela nas palavras

fomos acordadas
com o cheiro
e o sabor do fogo

as taças de vinho
sujas de batom
me estilhaçaram

o milho foi vendido
e dinheiro nenhum
conseguiu comprar
a melhora da morte

no verão de 72
tenho certeza

me escapa se estava no quarto
na sala
se finava bichos geográficos
pisando nas folhas
caídas ao chão

tenho certeza
posso até jurar, meu bem

foi no verão de 72
que alguém me sussurrou
pela primeira vez
o nome do Diabo

meu Deus
peço perdão em nome dos mutilados
aos tantos que foram tocados
pelas linhas sanguíneas da loucura

meu Deus
nem as mil doses de vermífugo
puderam dissolver este nó
atravessado na garganta

engraçado
tudo é engraçado
na velhice

relembrar a vida próxima da morte
retempera o sabor das coisas tristes

se chamava Hercília
e apesar dos cabelos curtos
mamãe morreu cedo

fiz promessas aos santos
que levaria seu nome adiante
se acaso parisse uma filha

Deus me concedeu quatro filhos
e foram quatro bênçãos, é claro

engraçado
tudo é engraçado
na velhice

certa vez escutei
que Hercília
significa orvalho

caminho pelas manhãs frias
procurando
procurando, meu bem

no roçado

pelo mês inteiro
papai chorou
atrás da cortina

depois aconteceu uma rapariga
e o banheiro junto à cozinha
voltou a ser usado diariamente

são pensamentos
que não revelaria
frente a frente
a quase ninguém

como pode, meu bem
uma menina
maturando cintura
se vestir de preto
e continuar em pé?

como pode, meu bem
uma menina
continuar a escrever
sabendo que a mão esquerda
é herança materna?

não posso recordar
aquele sorriso branco
perguntando, em meio segredo
se o arroz está sem sal

me acho parecida com mulheres
do tempo antigo
ansiando a volta de Padim Ciço
em qualquer rebento de bicho
ou homem

e o que é mesmo a família, meu bem
se não uma cena de carne e vício
armando rosto novo sobre rosto velho?

48   do velho lugar resta o vulto
vagando de um lado pro outro
feito candeeiro
ao encontrar os toques do vento

deixo o rádio de pilha ligado
pois no reino dos murmúrios
há uma viagem sem regresso

é melhor ouvir canções tristes
do que ficar pensando, meu bem
com as vozes da própria cabeça

ALEIJAMENTOS DA MÃE

a tarde amparada
nas pedras
do rio Paraguaçú

com o carinho das fateiras
remexendo o bucho dos bois
você me conta, minha mãe

me conta sobre o tempo
como se ficasse de tocaia
frente aos acontecimentos

a mama amputada
que ainda persiste
na forma do susto

o antigo tapete de couro
inútil em disfarçar
o esquadro torto da casa

um fogão com seis bocas
sempre pequeno
pra fome de tantas mãos

eu sei, minha mãe
crescer no mundo
é como se aleijar

*(Nunca se finda
nem se criara.
Mistério é o tempo,
inigualável.)*

Carlos Drummond de Andrade, "Perguntas em forma de cavalo marinho"

BARRO PRETO

    vagueio por um quintal sem ladrilho
    onde repouso o embaraço dos olhos

    corpo quase vivo
    quase amarelo
    conurbando aos poucos
    com o silêncio das estrelas
    em noite de coivara

    o céu metálico
    me refunda criança
    não carrego
    importâncias do vivido

    refletido no céu
    não passo de um menino
    aprendendo a ler

    é tempo dos homens
    em frente ao brega
    das piadas de corno
    do 38 enferrujado

    tempo das angústias abertas
    sob um telhado quatro águas

e eu que nunca decifrei
a idade dos cavalos
contando seus dentes

e eu que nunca descobri
o respiro das braçadas
mesmo em cacimba rasa

tenho sempre sonhado
com este esquecimento

caminho vestido
nas roupas largas
dos mais velhos

chego ao barro preto
para espiar a boiada
engordando com sal

me deito

HISTÓRIA CONCISA

a história de toda família
é a história de quando o fogo
foi enfim domesticado

só depois vem o trato da terra
só depois os meninos crescem
só depois acontece a diáspora

a certeza de que um dia
o estrangeiro
será terrivelmente triste
ao cremar os ossos dos seus
tão longe de casa

MANHÃ

na cozinha
o velho rádio de pilha

outra vez
embarcações atracaram na China

passar fio dental
escovar os dentes
enxaguar o rosto

diante do espelho
o espanto
ao ver tão perto
o apetite de Deus

INFÂNCIA

até o dedão do pé
alcançar a ponta dos sapatos
quantos desastres
foram vividos?

GENEALOGIA

em algum verão
na praia do peba

a vida se arrastava
na boca dos mais velhos
como se arrastavam
os cachorros aleijados
pela febre do calazar

todo mundo já teve um primo
que foi levado pela correnteza

este pulmão
embora saudável e rosa
me cresceu
insuficiente ao nado

CASA

aquilo que se esconde atrás da mobília
tem passo de boi

é o legado da família
reconhecer a sombra
pelo pé

um domingo
e dentro deste domingo
uma tia
que ainda reconhece
mas começa a confundir
o nome dos sobrinhos

REMORSOS

são traços intoleráveis
no subterrâneo da pele
refazendo instantes grisalhos
de quando éramos areia e vento
me remonto em tempos
que não puderam morrer
procuro algum sopro
uma ponta de palavra
ou aquilo que foi engolido
diante deste mundo feito
e descubro acesa
feito brasa de marcar novilha
a certeza do acaso:
minhas lembranças morreram
morreram
deixando seus cheiros

MADUREZA

este silêncio
ao abrir o guarda-roupa
de um parente
que já morreu

e mesmo assim calçar os sapatos
e mesmo assim abotoar a camisa

o consolo
no passado firme
das costuras
no trabalho lento
das traças

INVENTÁRIO

1.

no topo da taquara
o velho terreiro
ainda vivo em mim
como uma bicicleta amarela
que sobreviveu ao vento
e à maresia

2.

aos domingos
a cozinha se enchia de pratos
enxaguando a farinha a fava a carne
encontrávamos o mundo
de ponta cabeça
numa bolha de sabão

3.

a mesa de jaqueira
e seus seis lugares

eu, menino, tomava ciência
que os homens são falíveis
que as lágrimas podem descer
na face quente dos matutos

4.

atrás da cadeira de balanço
a parede descascada
pelos gemidos dos famosos
a polícia em perseguição

a televisão martelava
aquele Jesus Cristo
suspenso em bronze

5.

o corredor não era um lugar

no corredor
não se come
não se senta
não se deita

o corredor era passagem
onde as genealogias
escorriam pelas paredes

6.

o fecho da noite
nos convidava aos quartos

a família repousava o enfado do corpo
a cerca fronteirando a terra
permanecia atenta

7.

no dezembro azul da memória está aquela casa

vendê-la com todos seus rastros
é cortar em partes iguais
a língua da mãe
os braços do pai

NATAL

minha avó Maria
aos assobios da caipora
temia os filhos
empreitados na mata
caçando tatus

minha avó Maria
por acreditar no tempo redondo
nas nuvens grossas
que molham o roçado
se banhava em cacimba
e varria varandas
com vassoura de piaçava

minha avó Maria
ouvia as vozes dos filhos
cumprindo o caminho
de volta pra casa

soletrava alegrias ao fogo
batendo farinha de mandioca
nos restos da peixada branca
até aprontar um cremoso pirão

NOITE

frente à televisão
aqueles olhos nômades
perguntam se os desejos
foram cumpridos

braças de terra em Paulo Jacinto
cabeças de bode, dúzias de capão

em qual lado da nova cama
o cheiro de semente
que vem dele?

em qual lado na nova cama
o cheiro de cândida
que vem dela?

o jornal nacional
escorre pela sala

a saudade dos irmãos
o descanso de melar
a manga verde no sal

para os especialistas:
migração de retorno

meus pais
acreditam

calçam os chinelos
desejam boa noite
(boa noite.)
ao William Bonner

escuto bem baixinho
o passo seco do luto

CARTA À FILHA QUE TALVEZ NÃO VENHA

te espero, minha filha
sentado em cadeira branca
ao final dos domingos

antes que um caminhão de gás
passe pesado e azul
anunciando nova segunda-feira

antes que os corpos
voltem a batalhar
contra um exército
invisível de seres

e nos trens nos passeios nas avenidas
um sistema de angústia se arme
erigindo, em todos, o eterno desalinho

há quatro meses
o vizinho da frente
abandonou a rua

não conseguia subir
por conta própria
as escadas do sobrado

das tragédias que um dia
ousei a acreditar
a vida foi a maior delas

e por você, menina
tratei cada canto de parede
com mil inseticidas

passei pano molhado
na madeira fria
asfixiando os cupins

sem nunca entender
quantas dores podem calejar
uma criatura de Deus

há cinco anos
o baleiro da rua de cima
foi assassinado

três tiros secos
apenas
três tiros secos

talharam seu nome em praça pública
quadra de futebol parque de diversão

fica um gosto de sangue
na garganta
daqueles que gritam gol

fica um risco de sangue
nas mãos
daqueles que balançam

o domingo carrega
as tristezas
deste tempo breve

crianças deslizam
pipas no ar
bordando a noite

e você, menina
com dedo lambido estirado ao céu
poderá me contar em qual direção
o vento sopra

MORTE

dizem que nasci do avesso
chorando pouco olhando muito
vermelho como caju seco
e pelas noites sem encantos
fui capaz de lavrar estranhezas
um dia tentei alcançar o brilho da lua
fazendo de escadaria bamba
as costas tortas do meu avô
as tias rezavam joelhos inteiros
vasculhando nas fotografias
um parente com as minhas sobrancelhas
arranjaram alguém distante
era veado e macumbeiro
logo as buscas foram suspensas
e nunca mais pareci com ninguém

CARA LEITORA, CARO LEITOR

A **Cachalote** é um selo do grupo editorial **Aboio** criado em parceria com a **Lavoura Editorial**.

Lemos, selecionamos e editamos com muito cuidado e carinho cada um dos livros do nosso catálogo, buscando respeitar e favorecer o trabalho dos autores, de um lado, e entregar a vocês, leitores, uma experiência literária instigante.

Nada disso, portanto, faria sentido sem a confiança que os leitores depositam no nosso trabalho. E é por isso que convidamos vocês a fazerem cada vez mais parte do nosso oceano!

Todas as apoiadoras e apoiadores das pré-vendas da **Cachalote**:

— têm o nome impresso nos agradecimentos dos livros;
— recebem 10% de desconto para a próxima compra de qualquer título do grupo Aboio.

Conheçam nossos livros e autores pelos portais **cachalote.net** e **aboio.com.br** e siga nossos perfis nas redes sociais. Teremos prazer em dividir com vocês todos nossos projetos e novidades e, é claro, ouvir suas impressões para sempre aprendermos como melhorar!

Embarque e nade com a gente.

Cada livro é um mergulho que precisa emergir.

APOIADORAS E APOIADORES

Agradecemos às 196 pessoas que confiaram e confiam no trabalho feito pela equipe da **Cachalote**.
    Sem vocês, este livro não seria o mesmo.
    A todos os que escolheram mergulhar com a gente em busca de vozes diversas da literatura brasileira contemporânea, nosso abraço. E um convite: continuem acompanhando a **Cachalote** e conheçam nosso catálogo!

Adriane Figueira Batista
Alexander Hochiminh
Allan Gomes de Lorena
Amanda Negri
Anderson Silva Soares
André Balbo
André Costa Lucena
André Moedim Balani
André Pimenta Mota
Andreas Chamorro
Andressa Anderson
Anthony Almeida
Antonio Pokrywiecki
Arthur Lungov
Arthur Whyte Ferreira
Bianca Monteiro Garcia
Breno Zonta de Souza Barreto
Bruna Capasso Floriano
Bruna Chung Abate
Bruna Frasson
Bruno Gonçalves
    de Souza Oliveira
Bruno Luís Baruffaldi Pereira
Caco Ishak
Caio Balaio
Caio Girão
Caio Sganzerla Tortamano
Calebe Guerra
Camilla Cajango Rollemberg
Camilo Gomide
Carla Cervo Secchieri Borducchi
Carla Guerson

Carlos Henrique Ulivieri
Cecília Garcia
Cila Fernanda
Cintia Brasileiro
Claudine Delgado
Cleber da Silva Luz
Cristina Machado
Daniel Dago
Daniel Dourado
Daniel Giotti
Daniel Guinezi
Daniel Leite
Daniela Rosolen
Danilo Brandao
Davi Custódio dos Santos Souto
Denise Lucena Cavalcante
Dheyne de Souza
Diogo Mizael
Eduardo Henrique Valmobida
Eduardo Rosal
Emanuel Priolli
Enzo Vignone
Erik Vinicius Torrano
Fábio José da Silva Franco
Fabio Setoguchi
Febraro de Oliveira
Felipe Santiago
    de Andrade Schwerz

Flávia Braz
Flávio Ilha
Francesca Cricelli
Frederico da C. V. de Souza
Gabo dos livros
Gabriel Amaral Teixeira
Gabriel Benzi
Gabriel Borges Martins
Gabriel Cruz Lima
Gabriel Stroka Ceballos
Gabriela Bertoline Almeida
Gabriela Diniz
    Vasconcellos Guerra
Gabriela Machado Scafuri
Gael Rodrigues
Georgea Santana Sevilio Andrade
Giovanna Galvani
Giselle Bohn
Giulia Carvalho
Giulia Secchieri Borducchi
Gledson Vidal Brito
Guilherme Belopede
Guilherme da Silva Braga
Guilherme Novaes
Gustavo Bechtold
Gustavo Henrique Rocha Gomes
Helena Brites
Helton de Oliveira Carlos

Henrique Artuni Bujan
Henrique Lederman Barreto
Isadora Lago
Jadson Rocha
Jailton Moreira
Jefferson Dias
Jessica Ziegler de Andrade
Jheferson Neves
João Luís Nogueira
Júlia Abeling
Júlia Gamarano
Julia Medina
Júlia Vita
Juliana Costa Cunha
Juliana Slatiner
Juliana Veshagem Quarenta
Júlio César Bernardes Santos
Laís Araruna de Aquino
Laura Redfern Navarro
Leitor Albino
Leo Nunes
Leonardo Ferreira Silvestre
Leonardo Pinto Silva
Leonardo Zeine
Letícia Migliacci Vieira
Lili Buarque
Lisieux dos Santos Cabral Marinho

Lolita Beretta
Lorenzo Cavalcante
Luana Aranha
Luca Dias Venturi
Lucas Ferreira
Lucas Gomas Cunha
Lucas Hanashiro de Mello
Lucas J. Fitipaldi
Lucas Lazzaretti
Lucas Resende Toso
Lucas Verzola
Luciana Franca Mendes
Luciano Cavalcante Filho
Luciano Dutra
Luigi Azar Górios
Luis Felipe Abreu
Luísa Machado
Luiz Fernando Silva Loschiavo
Manoela Machado Scafuri
Marcela Roldão
Marcelo Luis Hernandes
Marco Bardelli
Marcos Vinícius Almeida
Marcos Vitor Prado de Góes
Maria Carolina Ferrari
Maria F. V. de Almeida
Maria Helena Lage Martins
Maria Inez Porto Queiroz

Mariana Donner
Mariana Figueiredo Pereira
Mariana Guiraldelli Martucci
Marina Facó de Carvalho
Marina Lourenço
Marina Mendes
Mateus Klautau Felipe
Mateus Magalhães
Mateus Torres Penedo Naves
Matheus Picanço Nunes
Mauricio Monforte
Maurício Santos
    Freitas da Conceição
Mauro Paz
Milena Martins Moura
Mikael Rizzon
Miréia Arruda Figueiredo
Natalia do Amaral Gerletti
Natalia Timerman
Natália Zuccala
Natan Schäfer
Otto Leopoldo Winck
Pablo Rizeto Guilherme
Paula Maria
Paulo Hiekata
Paulo Scott
Pedro Almeida Rizzo
Pedro Henrique Mendonça Rossi
Pedro Sganzerla Tortamano
Pedro Torreão
Phanie Sampaio
Pietro Augusto Gubel Portugal
Quiteria Sibaldo
    de Oliveira Carlos
Rafael Mussolini Silvestre
Ricardo Kaate Lima
Rodrigo Barreto de Menezes
Rodrigo Fustinoni Campos
Samara Belchior da Silva
Sergio Mello
Sérgio Porto
Sônia Cristina Corrêa da Silva
Thais Borducchi
Thais Fernanda de Lorena
Thassio Gonçalves Ferreira
Thayná Facó
Thiago Baba
Tiago Moralles
Valdir Marte
Valentine Gomes
Valeska Alves-Brinkmann
Vinícius Brag
Vinicius Riqueto de Oliveira
Vitor Casasco Alejandre
    de Almeida
Weslley Silva Ferreira

Yasmin Toledo Barros
Yvonne Miller

PUBLISHER Leopoldo Cavalcante
EDITOR-CHEFE André Balbo
REVISÃO Veneranda Fresconi
ASSISTÊNCIA EDITORIAL Nelson Nepomuceno
DIREÇÃO DE ARTE Luísa Machado
FOTO DA CAPA Thayná Facó
COMERCIAL Marcela Roldão
PROJETO GRÁFICO Leopoldo Cavalcante

© da edição Cachalote, 2024
© do texto Henrique Emanuel de Oliveira, 2024

Todos os direitos reservados. Nenhuma parte desta obra pode ser reproduzida, arquivada ou transmitida de nenhuma forma ou por nenhum meio sem a permissão expressa e por escrito da Aboio.

Grafia atualizada segundo o Acordo Ortográfico da Língua Portuguesa de 1990, que entrou em vigor no Brasil em 2009.

Dados Internacionais de Catalogação na Publicação (CIP)
Eliane de Freitas Leite — Bibliotecária — CRB-8/8415

Oliveira, Henrique Emanuel de
  O apetite de Deus / Henrique Emanuel de Oliveira. -- São Paulo : Cachalote, 2024.

  ISBN 978-65-83003-01-0

  1. Poesia brasileira I. Balbo, André. II . Machado, Luísa. III. Título.

24-207894   CDD-B869.1

Índices para catálogo sistemático:
1. Poesia : Literatura brasileira

[2024]

Todos os direitos desta edição reservados à:
ABOIO EDITORA LTDA
São Paulo — SP
(11) 91580-3133
www.aboio.com.br
instagram.com/aboioeditora/
facebook.com/aboioeditora/

[Primeira edição, agosto de 2024]

Esta obra foi composta em Adobe Garamond Pro.
O miolo está no papel Pólen® Natural 80g/m².
A tiragem desta edição foi de 250 exemplares.
Impressão pelas Gráficas Loyola (SP/SP)

A marca FSC® é a garantia de que a madeira utilizada na fabricação do papel deste livro provém de florestas que foram gerenciadas de maneira ambientalmente correta, socialmente justa e economicamente viável, além de outras fontes de origem controlada.